VENTE

Du Jeudi 8 Mars 1900

HOTEL DROUOT — SALLE 7

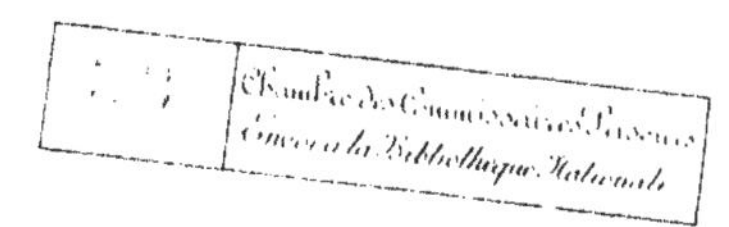

1900- Mars. 8

Collection Gouzien

Eaux-Fortes

de

F. ROPS

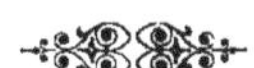

M[e] Maurice DELESTRE

Commissaire-Priseur

Rue Saint-Georges, 5

M. L. MOLINE

Expert

Rue Laffitte, 20

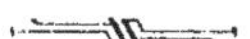

PARIS — 1900

IMPRIMERIE MAULDE & RENOU

MAULDE, DOUMENC & Cie

IMPRIMEURS DE LA COMPAGNIE DES COMMISSAIRES-PRISEURS

Rue de Rivoli, 144 — Paris

CATALOGUE

DES

EAUX-FORTES

DE

F. ROPS

COMPOSANT

LA COLLECTION GOUZIEN

Dont la Vente aux Enchères publiques

AURA LIEU

HOTEL DES COMMISSAIRES-PRISEURS, RUE DROUOT, 9

Salle n° 7

Le Jeudi 8 Mars 1900

A DEUX HEURES TRÈS PRÉCISES

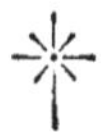

Mᵉ Maurice DELESTRE, Commissaire-Priseur

Rue Saint-Georges, 5

Assisté de **M. L. MOLINE**, Expert

Rue Laffitte, 20

PARIS — 1900

CONDITIONS DE LA VENTE

Elle sera faite au comptant.

Les acquéreurs paieront **cinq pour cent** *en sus des adjudications.*

MM. les Amateurs pourront visiter la Collection chez M. Moline, *Expert, 20, rue Laffitte, Galerie Laffitte, du 1*er *au 6 mars.*

L'Expert se réserve la faculté d'intervertir les numéros et de les grouper.

Maulde, Doumenc et Cie, imp. de la Cie des Commissaires-Priseurs, rue de Rivoli, 144 720—87233

DÉSIGNATION

1 — Portrait de Félicien Rops, par **de Witte** (Eau-forte.)

Très belle épreuve sur Japon.

2 — Portrait de Félicien Rops, par **R. Kastor.** (Eau-forte.)

Très belle épreuve d'artiste sur Japon.

3 — Billet à ordre (R. 4). (Eau-forte.)

Très belle épreuve sur Japon, signée.

4 — La Fantoche (R. 8). (Eau-forte.)

Très belle épreuve du 2e état, sur Japon, signée.

5 — Femme à la toque écossaise (R. 13). (Eau-forte et aqua-tinte.)

Très belle épreuve sur Japon, signée.

6 — La même.

Deux pièces, très belles épreuves sur Japon et sur blanc, signées.

7 — Les Adieux d'Auteuil (R. 18). (Eau-forte et aquatinte.)

Très belle épreuve sur Japon, signée du monogramme.

8 — Norvégienne (R. 19). (Eau-forte.)

Deux pièces, très belles épreuves d'un état antérieur au 1ᵉʳ état décrit, au trait, signées du monogramme.

9 — La même.

Deux pièces, très belles épreuves du 1ᵉʳ état sur Japon, signées.

10 — Rops gravant (R. 20). (Eau-forte.)

Très belle épreuve sur Japon, portant les signatures : F. Rops et Taëlemans.

11 — La même.

Très belle épreuve sur Japon, signée du monogramme.

12 — Ma Tante Johanna (R. 23). (Eau-forte.)

Très belle épreuve du 2ᵉ état, sur Japon.

13 — Le Bassonniste (R. 24). (Eau-forte.)

Très belle épreuve du 2ᵉ état, sur Japon.

14 — La même.

Deux pièces, très belles épreuves, signées du monogramme.

15 — L'Oncle Claes et la Tante Johanna (R. 25). (Eau-forte.)

Très belle épreuve du 4ᵉ état sur Japon, signée du monogramme.

16 — La même.

Très belle épreuve sur Japon, signée.

17 — Prêtre russe (R. 26). (Eau-forte.)

Très belle épreuve sur Japon, signée du monogramme.

18 — La grande Femme à la fourrure assise (R. 28). (Eau-forte.)

Très belle épreuve.

19 — Le Moujick (R. 30). (Eau-forte.)

Très belle épreuve sur Japon, signée.

20 — En prenant le thé (R. 32). (Eau-forte.)

Très belle épreuve sur Japon, signée du monogramme.

21 — Passé minuit (R. 34). (Vernis mou et pointe-sèche.)

Très belle épreuve sur Japon, signée.

22 — La Femme au trapèze (R. 34). (Eau-forte.)

Très belle épreuve du 5e état sur papier ancien, signée du monogramme.

23 — L'Affûteur (R. 39). (Eau-forte.)

Belle épreuve.

24 — L'Expert en dentelles (R. 40). (Vernis mou et pointe-sèche.)

Très belle épreuve sur Japon, signée du monogramme.

25 — Oude Kate (R. 41). (Vernis mou.)

Deux pièces, très belles épreuves dont une sur Japon, signée.

26 — La même, petite planche.

Très belle épreuve.

27 — Pallas (R. 47). (Eau-forte.)

Très belle épreuve sur Japon.

28 — L'Ariette (R. 50). (Eau-forte.

Très belle épreuve du 5e état.

29 — Mon Bourgmestre (R. 52). (Eau-forte.)

Très belle épreuve du 3e état, signée du monogramme.

30 — **Le Modèle** (R. 53). (Eau-forte et aqua-tinte.)

Très belle épreuve du 5e état, signée du monogramme.

31 — **La Dalécarlienne** (R. 55). (Eau-forte.)

Très belle épreuve.

32 — **La Bûcheronne** (R. 56). (Eau-forte.)

Très belle épreuve sur Japon.

33 — **Jean Brouette** (R. 56). (Eau-forte.)

Très belle épreuve, signée du monogramme.

34 — **Rosaire et Rosière** (R. 57). (Eau-forte.)

Très belle épreuve sur Japon, signée du monogramme.

35 — **La Barque** (R. 58). (Eau-forte.)

Très belle épreuve signée du monogramme.

36 — **La Chasse au lièvre** (R. 59). (Eau-forte.)

Deux pièces, très belles épreuves, signées du monogramme.

37 — **William Lesly** (R. 60). (Eau-forte.)

Très belle épreuve du 7e état.

38 — **Le Clos du Roy** (R. 63). (Eau-forte.)

Très belle épreuve du 1er état, sur Japon, signée.

39 — **Complaisance** (R. 64). (Eau-forte.)

Très belle épreuve sur Japon.

40 — **Le Miroir de coquetterie** (R. 65). (Pointe-sèche.)

Très belle épreuve du 1er état sur Japon, signée, rare.

41 — **La même.**

Très belle épreuve sur Japon, signée, rare.

42 — **La Femme à la tête de mort** (R. 66). (Eau-forte.)

Très belle épreuve sur Japon, signée du monogramme.

43 — La Femme à la tête de mort (R. 66). — La Foire aux amours, petite planche (R. 140); les deux pièces sur une même feuille.

Très belle épreuve.

44 — Misanthropie (R. 70). (Eau-forte).

Très belle épreuve sur Japon. Signée.

45 — Canicule (R. 70). (Vernis mou.)

Très belle épreuve sur Japon.

46 — La Dame au Carcel (R. 71). (Vernis mou.)

Très belle épreuve sur Japon. Signée.

47 — La même.

Très belle épreuve sur Japon.

48 — Zud-West (R. 72). (Eau-forte.)

Très belle épreuve sur Japon. Signée.

49 — Le Rydeak (R. 72). (Vernis mou.)

Très belle épreuve sur Japon. Signée.

50 — Milice Hanovrienne (R. 73). (Eau-forte.)

Très belle épreuve du 3e état sur Japon. Signée.

51 — Pilier d'église (R. 74). (Eau-forte.)

Très belle épreuve sur Japon. Signée du monogramme.

52 — La Question d'Orient (R. 75). (Eau-forte.)

Très belle épreuve sur Japon. Signée.

53 — Au Feu (R. 77). (Eau-forte.)

Très belle épreuve sur Japon. Signée du monogramme.

54 — Seule (R. 79). (Vernis mou.)

Très belle épreuve sur Japon.

55 — **L'Oracle du Hameau (R. 79). (Eau-forte.)**

Très belle épreuve sur Japon. Signée.

56 — **Vieux Faune, petite planche (R. 80). (Aqua-tinte et Vernis mou.)**

Très belle épreuve sur Japon.

57 — **Vieux Docteur (R. 81). (Eau-forte.)**

Très belle épreuve sur Japon. Signée du monogramme.

58 — **Le Doigt dans l'OEil (R. 82). (Vernis mou.)**

Très belle épreuve du premier état.

59 — **La Vieille à l'Aiguille (R. 83). (Eau-forte.)**

Très belle épreuve sur Japon. Signée.

60 — **Paysan breton (R. 84). (Eau-forte.)**

Très belle épreuve sur Japon. Signée.

61 — **Bébé (R. 85). (Eau-forte.)**

Très belle épreuve sur Japon. Signée du monogramme.

62 — **Garçon brasseur bruxellois (R. 85). (Eau-forte).**

Très belle épreuve sur Japon. Signée.

63 — **Orphée (R. 86). (Eau-forte).**

Très belle épreuve.

64 — **La Baie de Nipe (R. 87). (Bois.)**

Trois pièces épreuves sur Japon. Réduction, tirées en bistre.

65 — **La Buée d'Automne en Ardennes (R. 88) Pointe sèche et Vernis mou.)**

Très belle épreuve sur Japon. Signée, très rare.

66 — **La même.**

Deux pièces, très belles épreuves sur Japon. Signées du monogramme.

67 — **Les Laveuses** (R. 89). Premier fragment de la Buée d'Automne. (Eau-forte.)

Très belle épreuve sur Japon. Signée du monogramme.

68 — **Sur la Lesse** (R. 90). Deuxième fragment de la Buée d'Automne. (Eau-forte.)

Très belle épreuve sur Japon. Signée du monogramme.

69 — **Jean Vandyrendonck** (R. 92). (Pointe sèche.)

Très belle épreuve sur Japon. Signée.

70 — **La même.**

Trois pièces, très belles épreuves dont deux sur Japon. Signées.

71 — **Cigogne japonaise** (R. 93). (Aqua-tinte.)

Très belle épreuve sur Japon. Signée du monogramme.

72 — **Compagnons de box** (R. 94). (Eau-forte et pointe sèche.)

Très belle épreuve du premier état sur Japon. Signée.

73 — **La même.**

Très belle épreuve d'un état postérieur avec différence dans les croquis. Signée du monogramme.

74 — **Paysanne du Gâtinais** (R. 94). (Eau forte et pointe sèche.)

Très belle épreuve sur Japon. Signée.

75 — **Laitière flamande** (R. 95). (Eau-forte.)

Très belle épreuve du premier état, au trait, sur Japon Signée.

76 — **La même, terminée, vernis mou.**

Très belle épreuve, signée du monogramme.

77 — **La grève, grande planche** (R. 96). (Eau-forte.)

Très belle épreuve, signée du monogramme.

78 — **La même, petite planche (R. 96).**
Très belle épreuve du 2e état sur papier ancien, rare.

79 — **La même.**
Deux pièces, très belles épreuves du 3e état, sur Japon, dont une signée.

80 — **La même.**
Très belle épreuve du 4e état, sur Japon, signée du monogramme.

81 — **La même.**
Deux pièces, très belles épreuves, sur Japon, signées.

82 — **Mon grand oncle (R. 97). (Eau-forte et pointe sèche.)**
Très belle épreuve sur Japon, signée du monogramme.

83 — **Dans la Püsta (R. 98). (Eau-forte.)**
Très belle épreuve du 1er état, sur Japon, signée du monogramme.

84 — **La même.**
Trois pièces, très belles épreuves, sur Japon.

85 — **Celle qui fait celle qui lit Musset (R. 99). (Eau-forte.)**
Très belle épreuve du 2e état, sur Japon, signée.

86 — **La planche du Tsigane (R. 101). (Eau-forte et vernis mou.)**
Très belle épreuve sur Japon, signée.

87 — **La dernière Maja (R. 104). (Eau-forte et pointe sèche.)**
Très belle épreuve du 5e état, sur Japon, signée.

88 — **La même.**
Très belle épreuve du 6e état, sur Japon, signée.

89 — **La même.**
Très belle épreuve du 7e état, sur Japon, signée du monogramme.

90 — Ma golonelle (R. 106). (Eau-forte.)

Très belle épreuve sur Japon.

91 — Miette (R. 107). (Eau-forte et pointe sèche.)

Très belle épreuve sur Japon, signée.

92 — Au jardin (R. 107). (Eau-forte.)

Très belle épreuve du 1er état, sur Japon, signée.

93 — La même.

Très belle épreuve sur Japon, signée.

94 — Le Semeur des Paraboles (R. 109). (Eau-forte.)

Très belle épreuve sur Japon, signée du monogramme.

95 — La même, grande planche.

Très belle épreuve du 1er état sur Japon, signée.

96 — La sieste, petite planche (R. 109). (Eau-forte.)

Très belle épreuve sur Japon, signée.

97 — La sieste, grande planche (R. 109). (Vernis mou.)

Très belle épreuve sur Japon, signée.

98 — Le Pot au lait, planche de croquis (R. 110). (Eau-forte.

Très belle épreuve sur Japon, signée.

99 — La même.

Très belle épreuve, signée.

100 — La migraine (R. 112). (Eau-forte.)

Très belle épreuve sur Japon, signée.

101 — La Vieille aux fleurs de lys (R. 114). (Eau-forte, vernis mou et aqua-tinte.)

Très belle épreuve sur Japon, signée du monogramme.

102 — Tête de maraichère anversoise (R. 114). (Eau-forte.)

Très belle épreuve sur Japon, signée du monogramme.

103 — Ma goutte (R. 115), sujet du milieu tiré à part. (Eau-forte).

Très belle épreuve du 1er état, sur Japon, signée du monogramme.

104 — La même.

Très belle épreuve du 2e état, sur Japon, signée du monogramme.

105 — La même.

Très belle épreuve, sur Japon.

106 — La même (marges.)

Très belle épreuve du 2e état, sur Japon, signée du monogramme.

107 — Séparés. (Printemps simiesque). (R. 119). (Eau forte et aqua-tinte.)

Très belle épreuve sur Japon, signée du monogramme.

108 — Le Rappel (R. 120). (Eau-forte.)

Très belle épreuve sur Japon, signée.

109 — La même.

Très belle épreuve, sur Japon, signée du monogramme.

110 — Petite bretonne (R. 120). (Eau-forte.)

Très belle épreuve, sur Japon, signée du monogramme.

111 — Salamandre et Scarabée (R. 121). (Aqua-tinte.)

Très belle épreuve, sur Japon, signée du monogramme.

112 — Madame Grégoire (R. 122). (Eau-forte.)

Très belle épreuve, sur Japon, signée du monogramme.

113 — **Frontispice des œuvres inutiles ou nuisibles (R. 123). (Eau-forte et pointe sèche.)**

Très belle épreuve, sur Japon, signée.

114 — **La même.**

Très belle épreuve, sur Japon, signée du monogramme.

115 — **Guerrière (R. 129). (Eau-forte.)**

Très belle épreuve du 1er état, sur Japon, signée.

116 — **Le Sphinx (R. 129). (Vernis mou.)**

Très belle épreuve, sur Japon, signée du monogramme.

117 — **La même (grande planche.)**

Deux pièces, très belles épreuves sur Japon, signées.

118 — **La Poupée du Satyre (R. 130). (Eau-forte.)**

Très belle épreuve, sur Japon, signée.

119 — **Dans l'atelier (R. 131). (Eau-forte.)**

Très belle épreuve, sur Japon, signée du monogramme.

120 — **Frontispice d'une suite d'œuvres libres (R. 132.) (Pointe sèche.)**

Très belle épreuve, sur Japon, signée du monogramme.

121 — **Beurre d'Isigny (R. 133). (Eau-forte et aqua-tinte.)**

Très belle épreuve du 1er état, sur Japon, signée.

122 — **La même.**

Deux pièces, très belles épreuves, même état, sur Japon, signées du monogramme.

123 — **Vieille gouge (R. 134). (Vernis mou.)**

Très belle épreuve, sur Japon, signée du monogramme.

124 — La Petite liseuse (R. 134). (Eau-forte.)

Très belle épreuve, sur Japon, signée du monogramme.

125 — Ma grand'tante (R. 135). (Pointe sèche et vernis mou.)

Très belle épreuve, signée du monogramme.

126 — Fantaisie japonaise (R. 137). (Eau forte.)

Deux pièces, très belles épreuves dont une sur Japon. Signées du monogramme.

127 — Remparts (R. 137). (Eau-forte et aqua-tinte.)

Très belle épreuve sur Japon. Signée du monogramme.

128 — Le Docteur Filleau (R. 138). (Eau-forte.)

Très belle épreuve sur Japon. Signée.

129 — Mlle de Maupin (R. 138). (Vernis mou.)

Deux pièces, très belles épreuves sur Japon dont une signée du monogramme.

130 — La Foire aux amours (R. 139). (Eau-forte.)

Très belle épreuve du 2e état sur Japon. Signée. Très rare.

131 — Les Champs (R. 140). (Eau-forte.)

Très belle épreuve. Signée du monogramme.

132 — Mors syphilitica (R. 141). (Pointe sèche.)

Très belle épreuve sur Japon. Signée du monogramme.

133 — O nature! (R. 141). (Eau-forte.)

Très belle épreuve sur Japon. Signée du monogramme.

134 — La Clef des champs (R. 144). (Eau-forte.)

Très belle épreuve sur Japon. Signée du monogramme.

135 — Le Dernier pape (R. 145). (Aqua tinte).

Deux pièces, très belles épreuves sur Japon. Signées du monogramme.

136 — Dimanche (R. 146). (Vernis mou.

Très belle épreuve sur Japon. Signée.

137 — Humanité (R. 147). (Eau-forte.)

Deux pièces, très belles épreuves sur Japon. Signées du monogramme.

138 — Les Bateaux (Pédagogique) (R. 159). Eau-forte.

Très belle épreuve sur Japon. Signée du monogramme.

139 — Olla Podrida (R. 162). (Vernis mou.)

Très belle épreuve sur Japon. Signée du monogramme.

140 — La Belle Mme X... (R. 171). (Eau-forte.)

Très belle épreuve du 2e état sur Japon.

141 — Les Sataniques (R. 174). Suite complète de cinq planches. (Vernis mou.)

Très belles épreuves sur Japon. Signées du monogramme.

142 — A vous, général (R. 183). (Aqua-tinte.)

Très belle épreuve sur Japon.

143 — La Dame au cochon (R. 184). (Vernis mou.)

Très belle épreuve sur Japon. Signée.

144 — La même.

Très belle épreuve. Signée.

145 — Impudence (R. 187). (Vernis mou.)

Très belle épreuve sur Japon. Signée.

146 — **Ma fille, Monsieur Cabanel** (R. 189). (Eau-forte.)

Très belle épreuve.

147 — **Satyriasis** (R. 191). (Pointe sèche.)

Très belle épreuve.

148 — **Le Major est si difficile** (R. 194). (Eau-forte et pointe sèche.)

Très belle épreuve sur Japon.

149 — **L'Organiste du diable** (R. 195). (Eau-forte et pointe sèche.)

Très belle épreuve sur Japon.

150 — **Appel aux masses** (R. 196). (Eau-forte et pointe sèche.)

Très belle épreuve sur Japon. Signée.

151 — **Ève** (R. 198). (Vernis mou.)

Très belle épreuve.

152 — **Nubilité** (R. 201). (Vernis mou.)

Très belle épreuve sur Japon. Signée du monogramme, avec cinq vers autographes.

153 — **La Bergère** (R. 207). (Vernis mou.)

Très belle épreuve sur Japon.

154 — **La Défense du budget** (R. 215). (Eau-forte.)

Très belle épreuve sur Japon. Signée.

155 — **La même.**

Deux pièces, très belles épreuves sur Japon, dont une signée du monogramme.

156 — **Le Paon** (R. 215). (Eau-forte.)

Très belle épreuve sur Japon. Signée du monogramme.

157 — **La Cuisine dosimétrique** (R. 216.) (Eau-forte.)

Deux pièces, très belles épreuves sur Japon. Signées du monogramme.

158 — Le Docteur (R. 216). (Eau-forte et aqua-tinte.)

Très belle épreuve sur Japon. Signée du monogramme.

159 — Le Paddock de Joyenval (R. 219), (Eau-forte.)

Très belle épreuve sur Japon, avec le même autographe de F. Rops.

160 — La même.

Trois pièces, très belles épreuves sur Japon.

161 — Le Jockey (R. 219). (Eau-forte et vernis mou.)

Très belle épreuve sur Japon. Signée du monogramme.

162 — Le Cheval rôti (R. 220). (Eau-forte.)

Très belle épreuve sur Japon. Signée du monogramme.

163 — Le Dindon (R. 221). (Eau-forte.)

Deux pièces, très belles épreuves sur Japon. Signées du monogramme.

164 — La Crémaillère (R. 221). (Eau-forte.)

Très belle épreuve du 1er état.

165 — La même.

Très belle épreuve sur Japon. Signée.

166 — La jolie Fille en chemise (R. 223). (Eau-forte.)

Très belle épreuve sur Japon. Signée.

167 — Le Cochon truffier (R. 226). (Eau-forte.)

Deux pièces, très belles épreuves sur Japon, dont une signée.

168 — Le Tir à l'arc (R. 228). (Eau-forte).

Deux pièces, très belles épreuves. Signées du monogramme.

169 — La Galatelle (R. 232. (Aqua-tinte.)

Très belle épreuve sur Japon. Signée du monogramme.

170 — Le Chat (R. 233). (Eau-forte.)

Très belle épreuve sur Japon. Signée du monogramme.

171 — Les Pensées (R. 237). (Eau-forte).

Très belle épreuve. Signée du monogramme.

172 — La République (R. 238). (Eau-forte.)

Très belle épreuve.

173 — Les Violettes (R. 241). (Eau-forte.)

Très belle épreuve sur Japon. Signée du monogramme.

174 — Les Violettes (R. 241). — Flirt, les deux pièces sur une même feuille.

Très belle épreuve.

175 — Les Mirlitons (R. 241). (Eau-forte.)

Très belle épreuve sur Japon. Signée du monogramme.

176 — Le Terme (R. 242). (Eau-forte.)

Deux pièces, très belles épreuves sur Japon. Signées du monogramme.

177 — La Presse (R. 243). (Eau-forte.)

Deux pièces, très belles épreuves sur Japon dont une signée du monogramme.

178 — La Chrysalide, frontispice (R. 245).

Très belle épreuve du 2e état sur Japon. Signée.

179 — Les Mannequins (R. 249). (Eau-forte.)

Deux pièces, très belles épreuves sur Japon, dont une signée du monogramme.

180 — L'Amour au Tambourin (R. 250). (Eau-forte.)

Très belle épreuve du 2e état sur Japon. Signée.

181 — Affiche pour Rimes de Joie (R. 251). (Eau-forte.)

Très belle épreuve du 2e état sur Japon. Signée du monogramme.

182 — Le Sphinx (R. 257). (Eau-forte.)

Très belle épreuve du 4e état sur Japon. Signée du monogramme.

183 — Le Rideau cramoisi (R. 258). (Eau-forte.)

Très belle épreuve du 3e état sur Japon. Signée du monogramme.

184 — Le plus bel amour de Don Juan, grande planche (R. 259). (Vernis mou.)

Très belle épreuve.

185 — Le dessous de cartes d'une partie de whist (R. 260). (Eau-forte.)

Très belle épreuve du 3e état, sur Japon. Signée.

186 — A un dîner d'Athées (R. 261). (Eau-forte.)

Très belle épreuve du 3e état sur Japon. Signée du monogramme.

187 — Le Bonheur dans le crime (R. 262). (Eau-forte.)

Très belle épreuve du 3e état sur Japon. Signée du monogramme.

188 — La Femme et la Folie dominant le Monde (R. 264). (Eau-forte.)

Très belle épreuve du 4e état sur Japon. Signée.

189 — La même, grande planche. (Vernis mou.)

Très belle épreuve.

190 — La même, 2e planche (R. 265). (Eau-forte.)

Très belle épreuve du 4e état. sur Japon. Signée du monogramme.

191 — Le Massage (R. 271). (Eau-forte.)

Très belle épreuve sur Japon.

192 — La même.

Belle épreuve sur Japon.

193 — La même, grande planche.

Très belle épreuve sur Japon. Signée du monogramme.

194 — Légendes Flamandes, frontispice (R. 282). (Eau-forte.)

Très belle épreuve du 1er état. Signée du monogramme. Rare.

195 — Les Frères de la Bonne Trogne (La Consultation) (R. 283). (Eau-forte.)

Très belle épreuve.

196 — Smetse-Smée (Les aumônes à la porte du forgeron Smetse-Smée) (R. 284). (Eau-forte.)

Très belle épreuve. Rare.

197 — Smetse-Smée (La Femme de Smetse-Smée) (R. 284). (Eau-forte.)

Très belle épreuve. Rare.

198 — Le grand et le petit trottoir, frontispice (R. 294). (Eau-forte.)

Très belle épreuve du 5e état, sur Japon. Signée.

199 — Histoire de la Sainte-Chandelle d'Arras (R, 310). (Eau-forte.)

Très belle épreuve du 5e état, sur Japon. Signée.

200 — Catéchisme des gens mariés (R. 312).

Très belle épreuve sur Japon. Signée.

201 — La Fleur lascive orientale (R. 314). (Eau-forte et vernis mou.)

Très belle épreuve sur Japon.

202 — Les jeunes France (R. 317). (Eau-forte et aquatinte.)

Très belle épreuve sur Japon. Signée.

203 — Le Fer rouge frontispice (R. 321). (Eau-forte.)

Très belle épreuve sur Chine volant.

204 — Œuvres badines, frontispices (R. 323). (Eau-forte et vernis mou.)

Très belle épreuve. Signée.

205 — Rimes de joie, frontispice (R. 325). (Vernis mou.)

Très belle épreuve du 3e état sur Japon.

206 — L'Art Moderne (La Lecture du Grimoire) (R. 327). (Eau-forte.)

Très belle épreuve du [illegible] état sur Japon. Signée.

207 — La même.

Deux pièces, très belles épreuves sur Japon. Signées.

208 — Folies-Bergère (R. 329). (Vernis mou et pointe-sèche.)

Très belle épreuve sur Japon. Signée du monogramme.

209 — La Femme à la Fourrure debout (R. 329). (Eau-forte.)

Très belle épreuve sur Japon. Signée du monogramme.

210 — Le Roman d'une nuit, grande planche (R. 336). (Vernis mou.)

Très belle épreuve sur Japon. Signée du monogramme.

211 — La même.

Belle épreuve sur Japon.

212 — La Messe de Gnide (R. 337). (Eau-forte.)

Très belle épreuve. Signée.

213 — Les Bas-Fonds de la Société (R. 339). (Eau-forte.)

Très belle épreuve.

214 — Alfred de Musset, frontispice (R. 342). (Eau-forte.)

Deux pièces, très belles épreuves du 1er état. Signées du monogramme.

215 — La même.

Très belle épreuve du 4e état, sur Japon. Signée du monogramme.

216 — La même.

Très belle épreuve du 5e état sur Japon.

217 — La même.

Très belle épreuve du 8e état. Signée.

218 — Don Paez (R. 345). (Eau-forte.)

Deux pièces, très belles épreuves du 1er état. Signées du monogramme. Très rare.

219 — La même.

Très belle épreuve du 6e état sur Japon. Signée. Rare.

220 — La même.

Deux pièces, très belles épreuves dont une sur Japon. Signées du monogramme. Rare.

221 — Le Vice suprême (R 347). (Eau-forte et aqua-tinte.)

Très belle épreuve sur Japon.

222 — La même, grande planche.

Très belle épreuve.

223 — La Gardeuse de moutons, d'après **Millet** (R. 351). (Eau-forte.)

Très belle épreuve.

224 — L'Amour à travers les Ages (R. 360). (Vernis mou.)

Très belle épreuve sur Japon.

225 — La même, grande planche.

Très belle épreuve.

226 — Les Exercices de dévotion de M. Henri Roch (R. 363), grande planche. (Eau-forte.)

Deux pièces, très belles épreuves du 1er état sur Japon. Signées du monogramme.

227 — La Femme à la tête de mort, la Portière de Jacquemart, croquis ; planche d'ensemble (R. 411). (Eau-forte.)

Très belle épreuve sur Japon. Signée.

228 — Derrière le rideau (R. s. p. 4). (Vernis mou.)

Très belle épreuve sur Japon. Signée.

229 — Petit modèle (R. s. p. 14). (Eau-forte.)

Très belle épreuve du 1er état sur Japon. Signée du monogramme.

230 — Premier pas (R. s. p. 15). (Vernis mou.)

Très belle épreuve sur Japon.

231 — La Cuisine de l'Auberge des Artistes, à Anseremme (R. s. p. 16). (Eau-forte.)

Très belle épreuve du 1er état sur Japon. Signée du monogramme. Très rare.

232 — La même.

Très belle épreuve sur Japon. Signée du monogramme.

233 — Evocation ou Incantation (R. s. p. 18). (Vernis mou.)

Très belle épreuve sur Japon.

234 — Décembre ou vieux poète (R. s. p. 19). (Eau-forte.)

Très belle épreuve sur Japon.

235 — Le Flûtiste (R. s. p. 19). (Eau-forte.)

Très belle épreuve. Signée du monogramme.

236 — Vieille histoire (R. s. p. 20). (Photogravure et vernis mou.)

Très belle épreuve.

237 — Humble nudité (R. s. p. 21). (Eau-forte.)

Très belle épreuve sur Japon. Signée du monogramme.

238 — Tentation ou la Pomme (R. s. p. 23). (Vernis mou.)

Très belle épreuve.

239 — Plénipotentiaire (R. s. p. 26). (Pointe sèche.)

Très belle épreuve. Signée.

240 — Vénus milita (R. s. p. 29). (Pointe sèche.)

Très belle épreuve.

241 — Vendangeuse (R. s. p. 30). (Vernis mou.)

Très belle épreuve sur Japon. Signée du monogramme.

242 — Très vieille (R. s. p. 31) (Vernis mou.)

Très belle épreuve du 1er état. Signée du monogramme.

243 — Mater Dolorosa (R. s. p. 33). (Eau-forte.)

Très belle épreuve sur Japon.

244 — Daphné ou le Livre moderne (R. s. p. 34). (Eau-forte.)

Très belle épreuve.

245 — La Cantinière des pilotes (R. s. p. 35). (Vernis mou.)

Très belle épreuve sur Japon. Signée du monogramme.

246 — Pénombre (R. s. p 37). (Aqua-tinte.)

Très belle épreuve.

247 — La Pantoufle de Cendrillon (R. s. p. 37). (Eau-forte.)

Très belle épreuve du 2e état, tirée avec cache. Rare.

248 — La Belle et la Bête (R. s. p. 45). (Vernis mou.)

Très belle épreuve.

249 — Naturalia (R. s. p. 65). (Pointe sèche.)

Très belle épreuve.

0 — Vachère (R. s. p. 67). (Eau-forte.)

Très belle épreuve sur Japon.

251 — James Tobynn (R. s. p. 77). (Eau-forte.)

Très belle épreuve sur Japon. Signée.

252 — Notes d'un vagabond (R. s. p. 88). (Vernis mou.)

Très belle épreuve sur Japon. Signée du monogramme.

253 — La Grande lyre (R. s. p. 91). (Eau-forte.)

Très belle épreuve, avec croquis dans les marges, sur Japon.

254 — La même.

Très belle épreuve du 1er état, sur Japon.

255 — Maturité (R. s. p. 95.)

Belle épreuve. Signée du monogramme.

256 — La Pudeur de Sodome (R. s. p. 98.)

Très belle épreuve du 2e état sur Japon. Signée.

257 — La même.

Très belle épreuve du 3e état sur Japon. Signée.

258 — La même. (Grande planche.)

Très belle épreuve.

259 — L'Amante du Christ (R. s. p. 101). (Vernis mou.)

Très belle épreuve.

260 — Les Laveuses (R. s. p. 103). (Eau-forte.)

Très belle épreuve.

261 — Masques parisiens (R. s. p. 104). (Vernis mou.)

Très belle épreuve du 1er état sur Japon. Signée.

262 — Chez les passants (R. s. p. 105). (Vernis mou et pointe sèche.)

Très belle épreuve du 3e état.

263 — **Sirène à l'affût** (R. s. p. 115). (Vernis mou.)

Très belle épreuve.

264 — **Peine** (R. s. p. 160). (Eau-forte.)

Très belle épreuve sur Japon.

265 — **Tête de vieille Anversoise.** (Eau-forte.)

Très belle épreuve sur Japon. Signée du monogramme.

266 — **La Feuille de vigne** (frontispice). (Vernis mou.)

Très belle épreuve sur Japon.

267 — **Holocauste** (frontispice). (Vernis mou.)

Très belle épreuve sur Japon.

268 — **Le Traité de la Chasteté.** (Vernis mou.)

Très belle épreuve sur Japon.

269 — **La Mort qui danse.** (Pointe sèche.)

Très belle épreuve sur Japon. Signée du monogramme.

270 — **Vieille femme accroupie** (fragment d'une planche inachevée). (Vernis mou.)

Très belle épreuve. Signée du monogramme.

271 — **Le Paysagiste** (femme vue de profil et de face). (Deux petits croquis à la pointe sèche.)

Très belles épreuves.

272 — **Il n'a pour page que son ombre**; fac-simile d'un croquis de F. Rops, par Aglaüs Bouvenne.

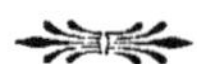

www.ingramcontent.com/pod-product-compliance
Ingram Content Group UK Ltd.
Pitfield, Milton Keynes, MK11 3LW, UK
UKHW022147260726
13993UKWH00005B/2206

9 782329 488295